美丽蓟州
生态家园

童心 著

浙江人民出版社

目录

第一部分

　　蓟县，又名蓟州，是美丽的生态家园，是空气好、水源好、土壤好的福地。

　　蓟县，古称渔阳，春秋时期称为无终子国，战国时称无终邑，秦代属右北平郡，唐朝设蓟州。新中国成立后，属河北省辖县，1973 年 9 月划归天津市，相沿至今。

　　蓟县位于天津市最北部，地处京、津、唐、承四市之腹心，是空气好、水源好、土壤好的生态福地。

盘山是国家重点风景名胜区、国家 5A 级旅游景区，是自然山水和名胜古迹并著、佛家寺院和皇家园林共称的胜地。历史上曾建有 72 座寺庙和众多玲珑宝塔，一座皇家园林——静寄山庄，早在唐代就以"东五台山"著称佛界，以"京东第一山"驰名中外。清乾隆皇帝曾 32 次游历盘山，赞誉"早知有盘山，何必下江南"。

　　独乐寺又称大佛寺，位于蓟县西大街，是国务院首批公布的全国重点文物保护单位，2004 年被评为 4A 级旅游景区。始建于唐贞观十年（公元 636 年），辽统和二年（公元 984 年）重建，为中国仅存三大辽代寺院之一，也是中国现存著名古代建筑之一。景观"独乐晨灯"列为渔阳八景之首。

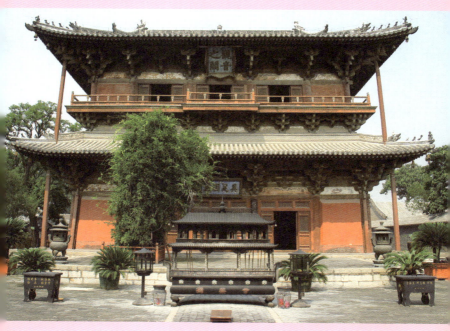

一点感悟

　　白塔寺是早期独乐寺的一个组成部分，重建于辽清宁四年（公元 1058 年），塔高 30.6 米，平面八角形，通体雪白，造型别致。由石基、亭阁式仿木结构的须弥座、塔身、覆钵、十三天相轮和塔刹组成，是印度佛教文化与中华民族文化融合的产物。

　　蓟县是天津市的农业大县，是全国首个绿色食品示范区和全国山区综合开发示范县。畜牧业是蓟县的传统产业，已建成生猪、肉牛、肉羊、肉鸭、肉鸡、蛋鸡、奶牛、水产品、特种养殖九大类 145 个养殖小区，产品常年供应天津、北京两大城市及周边地区。

　　干鲜果品主要有核桃、板栗、柿子、苹果、红果、梨、葡萄等，尤其是盘山柿子、燕山板栗、大棉球红果、黄崖关蜜梨、野生酸枣和猕猴桃广受欢迎。

　　蓟县是全国首批生态环境建设示范县、全国环保模范城区、国家园林城市，生态环境得天独厚，全县林木覆盖率达到47%，山区面积达到74%，平均负氧离子密度为每立方厘米2320个，远高于世界卫生组织规定的清新空气标准。

美丽蓟州

生态家园

　　蓟县已形成盘山风景、黄崖关长城、翠屏湖度假、县城古文物、中上元古界标准地层剖面和八仙山原始次生林自然保护区等六大旅游景区。其中，盘山被列为国家级风景名胜区，八仙山和中上元古界标准地层剖面被列为国家级自然保护区。

11

一点感悟

　　黄崖关长城位于蓟县北30公里的崇山峻岭中，是国家首批4A级旅游景区。始建于北齐天保七年（公元556年），明代包砖大修，1985年修复了城墙3025米、楼台20座，全段长城墙体和敌楼建在海拔700多米的山脊上，陡峭险峻。年代久、变化多、布局巧、设施全，是长城建筑史上的杰作，被长城专家誉为"万里长城的缩影"。

　　蓟县地处京、津、唐、承、秦等城市的中间，距北京 88 公里，距天津 115 公里，距承德 220 公里，距秦皇岛 236 公里。津蓟高速公路，京哈、津围、邦喜、宝平等干线公路和县乡公路纵横交织。

于桥水库位于蓟县城东 4 公里处，坐落在州河出山口处，属蓟运河流域州河段。控制流域面积 2060 平方千米，总库容 15.59 亿立方米。上游主要入库河流为淋河、沙河和黎河，平均径流量为 5.06 亿立方米。1983 年引滦入津工程建成后，于桥水库正式纳入引滦入津工程管理，成为天津唯一的水源地，其主要功能以防洪、城市供水为主，兼顾灌溉、发电等。

　　于庆成，中国美术家协会天津分会会员，中国民间文艺家协会会员，中国工艺美术协会雕塑协会会员、副研究员，北京工艺美术协会理事，第九届、第十届全国政协委员。

于庆成 1945 年出生于蓟县。坎坷辛酸的童年和青年时代使他与泥土结下了不解之缘。1977 年开始创作生涯，1988 年获文化部授予的"民间美术工作开拓者"称号。1990 年起从事泥塑艺术创作研究。1994 年在天津蓟县盘山石趣园建立了泥塑创作室——庆成艺术馆。1996 年获联合国教科文组织授予的"民间工艺美术大师"称号。

于庆成先生致力于泥塑艺术创作，他的作品具有浓厚的民间艺术特色，富有强烈的艺术感染力。一团泥巴经过于庆成先生一双手的塑造就变成了艺术品，他的作品基本保持了泥土的本色，造型质朴夸张、情态富于戏剧性，表现了冀东农民朴实乐观的精神面貌。

一点感悟

　　蓟县有国家重点保护的千年古刹——独乐寺和白塔寺、鼓楼、文庙、公输子庙、关帝庙、城隍庙、天仙宫等文物古迹，旅游业发展前景广阔。

　　蓟县地质博物馆建筑分地下一层，地上四层，内设地质展馆和历史展馆，是国内同类展馆中规模最大的一个。整个建筑外层用片石砌成，层次感鲜明，凸显了地质博物馆古朴的特色，同时体现了"层的地质、叠的历史、层层叠叠建筑、层层叠叠岩石"的特点。

翠屏湖，又名于桥水库，因南依翠屏山而得名。于桥水库位于蓟县城东，是国家重点大型水库之一。翠屏湖水面宽阔，东西长 35 公里。登翠屏山俯瞰，烟波浩渺，水天一色；荡舟湖上，鸥浮上下，鱼戏东西。翠屏南岸，葡萄压枝，花果满园；西岸大堤横卧，绿树缘堤，远山如黛。翠屏湖盛产鱼虾，尤以金翅鲤鱼闻名天下。

　　蓟县是天津市唯一的半山区县，也是天津市的"后花园"，有山有水，有平原有洼地，土壤肥沃，山清水秀，空气清新，水质优良，气候宜人，被列为全国生态示范县和全国首个绿色食品示范区，对于发展无污染、高品质、高效益的种养业、绿色食品加工业等极为有利。

　　蓟县有全国重点文物保护单位 1 处，市级重点文物保护单位 5 处，县级重点文物保护单位 37 处，文物保护点 268 处，革命战争遗址和纪念地 160 多处。夏商遗存、西周遗址、汉墓群、唐宋元辽墓葬、清王爷陵和太子陵等古遗迹遍布全县，堪称文物大县。

第二部分

早知有盘山，何必下江南。

有病的皇帝，不如无病的乞丐。失去健康，才懂得健康的珍贵；患有疾病，才体会疾病的痛苦。天怕乌云地怕荒，人怕疾病草怕霜。

　　"生病多，易肥胖，提前衰老，英年早逝"是当今社会的普遍现象。原因是"贪图享乐，忽略健康，保健理念还没跟上"。学习知识，合理饮食；强身健体，心安神怡。

　　心理健康是智慧的源泉，身体健康是幸福的保障。在奥林匹克希腊圣地，山上刻着千古名句："你想得到健康吗？那你就跑步。你想得到智慧吗？那你就跑步。"

一点感悟

　　荣辱不惊，闲看庭前花开花落；去留无意，漫观天空月圆月缺。任凭风浪起，稳坐钓鱼台。塞翁失马，焉知非福。天有不测之风云，人有旦夕之祸福。祸福相依时运变，人生风水轮流转。黑夜前头黎明到，寒冬过去是春天。

月有阴晴圆缺，人有悲欢离合。人生路上多坎坷，身处逆境寻欢乐。任凭世间沧桑变，我心平静身体健。细推物理须行乐，何为浮名绊此身。

一 点 感 悟

　　物有变化规律，人有自知之明。懂得人生坐标，摆正自己位置。遇事不要强求，处世游刃有余。减轻思想负担，去掉精神压力。明白做人道理，遵循客观规律。

病从口中入，寒从脚下起；无病要早防，有病要早治。药补，食补，莫忘神补。药疗，食疗，莫忘神疗。欲得长生，肠胃常清；禁酒戒烟，身心必健；春捂秋冻，百病不生。

　　无气不生病，无毒不生疮。心理平衡，生理健康。
人生四最：因气生病最不该，身患重病最悲哀，绝症康
复最舒畅，死于无知最冤枉。

　　健康、强壮的体魄，美好、愉快的心情，是幸福的资本。病有五来：吃出来，喝出来，吸出来，懒出来，气出来。神疗重于食疗，食疗重于药疗，防病重于治病。

冬吃萝卜夏吃姜，不用医生开药方。多吃水果多吃菜，防病健身心愉快。饮食活动要适量，恰到好处身体壮。天天坚持万步走，能够活到九十九。

一点感悟

　　健康长寿之法：保健锻炼，快走慢跑。健康长寿之道：三四五顿，七八分饱。健康长寿之秘诀：按时作息，规律生活。健康长寿金钥匙：心理平衡，天天欢乐。

合理膳食者寿，体动心静者寿，清心寡欲者寿，勤于动脑者寿，修身养性者寿，与人为善者寿，谨慎认真者寿，忘病忘忧者寿，听乐观景者寿，老有所为者寿。

　　旺盛的精力，来自健康的身体；愉快的笑声，是精神健康的标志。保健四个里程碑：返璞归真的环境；适量有氧的运动；科学营养的膳食；与世无争的心态。

一个经常旅行的人，必有渊博的知识、坚强的毅力。一个经常锻炼的人，必有健康的体魄、充沛的精力。人生四莫忘：养生莫忘养心，养心莫忘寡欲；至乐莫忘求知，求知莫忘读书。

　　运动、寡欲和欢乐，可以使人暮年保持青春活力；懒惰、奢欲和悲哀，可以使人壮年神呆未老先衰。忧愁、焦虑和悲观的人，往往体弱多病；豁达、喜悦和乐观的人，往往健康长寿。

一点感悟

　　健康的内涵：躯体健康，心理健康，道德健康。锻炼健身，情绪治身，规律养身。

养生十二个"少和多"：少食多餐，少药多动，少酒多茶，少怒多乐，少说多做，少悲多欢，少忧多喜，少烦多怡，少欲多施，少车多行，少肉多素，少糖多果。

寡欲清净，心理平衡，稳中自控，静中养生。做到八点：头空、心静、身轻、精充、血通、气盈、形全、神凝。

　　嗜烟如命者夭，酗酒成癖者夭，生活糜烂者夭，纵欲无度者夭，心胸狭窄者夭，忧虑抑郁者夭，暴喜暴怒者夭，孤独寂寞者夭，药不离嘴者夭，懒惰成性者夭。

　　人生三戒：少年之时，血气未足，戒之在色；及其壮年，血气方刚，戒之在斗；及其老年，血气既衰，戒之在得。养生三戒：一戒大怒，二戒大欲，三戒大醉，三戒之中，大怒为首，不可轻发。

一 点 感 悟

第三部分

　　独乐寺又称大佛寺，是国务院首批公布的全国重点文物保护单位。

　　庄子长寿经："少私：私为万恶之源，百病之根。鬼迷心窍，私欲缠身，斤斤计较，患得患失，夜不成寐，日不安神，食之无味，形劳神亏，积累成病，焉能长命。寡欲：欲不可绝，亦不可纵。纵欲招祸，绝欲不生。少私寡欲，清静为正。少淫欲，不欺男霸女；节物欲，不图财害命；淡利欲，不夺权争势；寡名欲，不投机钻营。清静：清之静之，心态安宁，稳中自控，静中养生。头空心静，身轻神宁。利于健身，利于防病。"

孙思邈长寿养生法："慎情志：淡然无欲，神气自满。于名于利，若存若亡；于非名非利，亦若存若亡。勿汲汲于所求，勿悄悄于怀恨。慎饮食：安身之本，必须于食，不知食宜者不足以全生。食当熟嚼，常学淡食。食欲数而少，不欲顿而多。切忌：饮酒过多，饱食即卧。慎劳逸：养生之道，常欲小劳。"

晋代医学家葛洪养生真经："善于养身者，必先除六害：禁声色，薄名利，廉钱财，捐滋味，除佞忘，去嘴嫉。"

　　乾隆皇帝养生十六字诀："吐纳肺腑，活动筋骨，十常四勿，适时进补。"十常即："齿常叩，津常咽，鼻常揉，耳常弹，肛常提，腹常旋，面常搓，足常摩，眼常运，肢常伸。"四勿为："食无言，卧无语，饮勿醉，色勿迷。"

夏禹长寿、颜回短命的对比。夏禹："走天下，乘四载，治百川，劳其形，体强健，寿百年。"颜回："颜子萧然，卧于陋巷，箪食瓢饮，精心至读。可谓至乐矣，年不过三十。"

一点感悟

苏轼养生四味药："一曰无事以当贵，二曰早寝以当富，三曰安步以当车，四曰晚食以当肉。"

　　养生十二要："思想要乐观，性格要开朗；饮食要清淡，起居要有常；补药要少用，烟酒要少尝；伤痛要预防，运动要坚持；私欲要节制，冷暖要注意；体检要定期，有病要早医。"

养生十二法："花卉怡养法，钓鱼静养法，书画趣养法，林泉休养法，游山乐养法，对弈智养法，日光熙养法，气功意养法，读书益养法，锻炼动养法，膳食滋养法，饮茶润养法。"

　　自我保健是核心，家庭保健是基础，医院保健是关键，疗养保健是保障。

　　长寿三字经：人长寿，也容易。要早睡，要早起。戒烟酒，忌暴食。无过饱，无过饥。常沐浴，勤更衣。多运动，练身体。心要静，精要盈。勤用脑，不烦恼。抱乐观，天天笑。种花草，养鱼鸟。常书画，乐逍遥。做到此，寿必高。

一 点 感 悟

养生三字经：多运动，控体重。少思虑，心安静。少吃盐，食清淡。少吃甜，多补钙。少咖啡，多吃菜。少吃肉，多吃素。常喝茶，多吃醋。多淀粉，少脂肪。少吃干，多喝汤。常吃虾，常吃鱼。重健康，淡名利。天天笑，容颜少。去忧愁，登高寿。

　　"养心八珍汤"：慈爱心一片，好肚肠二寸，正气三分，宽容四钱，孝顺常想，老实适量，奉献不拘，不求回报。把这八味药，放在"宽心锅"里炒，文火慢炒，不焦不躁。再在"公平钵"里研，细磨慢研，越细越好，三思为末，淡泊为引，早晚分服，和气汤送下。可净化心灵，升华人格，平静心态，荣辱不惊。

养生先养身，养身先习动；养生先养心，养心先习静。有动有静，动静相济，一张一弛，预防百病；动后血通，血通气行，气行神爽，祛病健康；静后而定，定后而安，安后神怡，无病健体。

　　养生八字诀：童心，猴行，蚁食，龟欲。意思是：像孩子一样无忧无虑，像猴子一样跳跳蹦蹦，像蚂蚁一样细嚼慢食，像乌龟一样淡泊寡欲。

乐观和欢笑是养生保健的金钥匙；忧虑和愤怒是损害健康的腐蚀剂。锻炼和运动，养成健康的身体和乐观的心态。健康和乐观，乃是幸福生活、延年益寿的保障。

一点感悟

　　长寿六戒：一戒纵欲，二戒名利，三戒烟酒，四戒暴食，五戒懒惰，六戒抑郁。长寿六要：一要少烟少酒，二要勤劳锻炼，三要心胸开阔，四要细嚼慢咽，五要淡泊宁静，六要清心寡欲。

怒则气上，惊则气乱，悲则气消，喜则气缓，恐则气下，忧思气结。少思虑，善养性；治未病，消未患。

　　有的人"保健保健，从小保健，终身少病，长寿百年"。而有的人"保健保健，有病保健，为时已晚，受罪花钱"。

　　生活像镜子，能照人影子。你哭它也哭，你笑它也笑。常哭病来了，常笑病没了。快乐是一种能力，在任何时候都要保持一种快乐的心情。

　　孙思邈养生"四少诀"：口中言少，心中事少，腹中食少，自然睡少。依此四少，神仙诀了。

第四部分

蓟县，生态之州、休闲之都。

　　人生路上，不仅要善待别人，也要善待自己。善待别人，可以使人生之路走得更远；善待自己，可以使生命之火燃得更旺。

　　闲时多读书，博览凝才气；众前慎言行，低调养清气；交友重情义，慷慨有人气；困中善负重，忍辱蓄志气；处事宜平易，不争添和气；为人讲原则，坚持守底气；淡泊且致远，修身立正气；居低少卑怯，坦然见骨气；卓而能合群，品高养浩气。

　　宠辱之际：宠辱不惊。得失之际：有小失才能有大得。利害之际：见利必先思害。祸福之际：福祸相倚。贫富之际：贫而有志，富而不骄。贵贱之际：贵贱皆人定。苦乐之际：苦乐两相依。生死之际：明生死，重大义。成败之际：胜不骄，败不馁。

一 点 感 悟

　　吃亏是福。心甘情愿吃亏的人，终究吃不了大亏。能吃亏的人，人缘必然好。人缘好的人，朋友多，道路宽，成功的机会自然多。

　　爱占便宜是坏习惯。爱占便宜的人，终究占不了大便宜，捡到一棵草，却失去一片森林。心凶命苦，贫贪相近。

一点感悟

　　心中无缺叫富，被人需要叫贵。眼是一把尺，量人先量尺；心是一杆秤，称人先称己。

不乱于心，不困于情，不畏将来，不念过往。放下需要智慧和勇气。动生智，静生慧，智慧不生烦恼，智慧改变命运。

　　懂得尊重别人，才能获得别人的尊重。目中有人才有路，心中有爱才有度。留有余地，进退有余。

　　明心见德性，入静得真空；运筹参机变，明易见天心。心眼小的人，天地大不了。要活好，心别小；善制怒，寿无数；笑口开，病不来。

　　事有两重性，凡事皆有度，适度则有利，过度则有弊。保健之窍，养生之道，在于适度。养生重在持之以恒。

一点感悟

　　世上无难事，只要肯登攀；要想身体健，就得肯锻炼。不怕不成功，就怕心不诚。不怕练不成，就怕心不恒。

　　福在健康中，乐在长寿中，笑在生活中；祸在无知中，苦在疾病中，悲在心病中。治病先养神，疗伤先养心。

　　饮食清淡，身体健康。忌吃八过：过酸、过咸、过甜、过辣、过热、过黏、过硬、过寒。

生老病死，自然规律。物极必反，物盛而衰。罪莫大于贪欲，祸莫大于无知，咎莫大于奢望，哀莫大于心死。

　　养生六平衡：膳食营养平衡，能量收支平衡，生理功能平衡，心理状态平衡，体内水分平衡，血液酸碱平衡。

一点感悟

　　人到无求，心神自安。淡泊以明志，宁静以致远。一笑不妨闲度日，无忧无虑似神仙。福不期求而自得也，寿不期长而自长也。

　　长寿大小金字塔：大金字塔——遗传基础，生存环境，生活状态。小金字塔——营养状况，脑体活动，心理状态。健康长寿，前者是基础因素，后者是决定因素。

　　病从口入，病从心入。心理平衡，百病不生。有了恬淡宁静之心，才有百岁健康之身。健身先健心，养生先养心。

　　有病要早治，无病要保养。三分治病七分养，九分锻炼十分防。大病要养，小病要抗。大水没来先垒坝，疾病没来先预防。一份预防病方，胜过百份药汤。

　　一个目的：健康长寿；两个要点：烦恼时糊涂点，得意时潇洒点；三个忘记：忘记年龄、疾病、怨恨；四季不懒，五谷皆食，六欲不纵，七情节制，八方交往，九（酒）少烟戒，十分坦荡。

一点感悟

第五部分

　　九龙山国家森林公园位于蓟县穿芳峪乡，景区森林覆盖率达95%以上，其中国家重点保护的珍稀植物40多种。茂密的森林中还栖息繁衍着400多种野生动物，被誉为"天然氧吧"，是天津面积最大、唯一的山区国家森林公园。

　　九山顶自然风景区位于天津市蓟县的下营镇，是国家级地质自然保护区——中上元古界标准地层最有代表性的山体，又是天津市地势最高的风景区。景区集山、水、石、林于一体，具有秀、幽、古、野的特点。

　　梨木台自然风景区坐落在蓟县下营镇，总面积1000多公顷，景区内主要山峰80多座，被专家学者誉为"天津的神农架"。这里地质景观奇特，是蓟县国家地质公园典型的石英砂岩峰林地貌，景区集奇峰、幽林、峡谷、怪洞及战国古长城、抗日战争旧址于一体。

养生八不：身不厌动，心不厌静，食不厌杂，居不厌宁，身不过懒，心不过烦，夏不过凉，冬不过暖。

养生十二能：能欢、能笑、能舒畅；能动、能练、能健康；能静、能逸、能养神；能吃、能睡、能长生。

　　养生真经，九窍畅通，通则不病，病则不通。锻炼按摩，可令其通，青菜萝卜，也令其通。水能载舟，也能覆舟；食能养生，也能丧生。合理膳食，脍不厌细；食不厌杂，滋养身体。

常用养目八方，令眼睛炯炯有光：慰目、浴目、营目、摩目、运目、惜目、极目、护目。不求仙方求睡方，不求长生求健康。

　　闹中求安，乐中求恬。享受和谐之美的安静，使人健康不生病；享受天伦之乐的恬静，使人越活越年轻。

一 点 感 悟

养生四有：饮食有节，活动有度，起居有常，修养有素。养生四要：脑子要用，手脚要动，肚子要空，心态要平。

　　宽厚待人，严于律己，知足常乐，不攀不比。小事糊涂，大事明白。度量大一些，风格高一些，看得远一些，想得宽一些。心胸开阔，心地善良，处事泰然，性格开朗。

　　重视健康，淡泊名利。珍惜现在，憧憬未来。治病先治人，治人先治心。心理不好，病治不好。心理健康，身体健康。

　　头要常凉，脚要常热，身要常动，心要常静。行如风，站如松，坐如钟，卧如弓。

　　不登高山，不见平地。水停百日要生毒，人闲百日要生病。不常锻炼，不会强健。走路使人童颜常在，运动使人青春永驻。

一点感悟

保健，保健，心理平衡是关键。养生，养生，心理平衡是"真经"。临大事静气为先，遇险滩宁静致远。

　　人无泰然之习性，必无健康之身体。顺其自然，量力而行。善待自己，无愧于心。随遇而安，快乐安康。

　　愚蠢的人天天烦恼，疾病缠身；聪明的人修身养性，延年益寿。权势、财富是暂时的，健康是长久的。心胸里头能撑船，健康长寿过百年。

天天常笑容颜俏，七八分饱人不老。逢君莫问留春术，淡泊宁静比药好。一日三笑，人生难老。一日三恼，不老也老。

　　笑一笑，十年少，笑口常开，健康常在。愁一愁，白了头，天天发愁，添病减寿。一笑烦恼跑，二笑怒气消，三笑憾事了，四笑病魔逃，五笑人不老，六笑乐逍遥。天天开口笑，寿比彭祖高。

一点感悟

　　忍一时风平浪静，退一步海阔天空。心胸狭隘，鼠肚鸡肠，斤斤计较，命不久长；宽宏大度，心旷神怡，处世大方，长寿健康。宽宏大度容天地，得饶人处且饶人。

　　知足者常乐，能忍者自安，忍饥者长寿，耐寒者体健。难能之理宜停，难处之人宜厚，难为之事宜缓，难成之功宜智。

　　一个中心是：健康；两个基点是：糊涂一点，潇洒一点；四大作风是：助人为乐，知足常乐，自得其乐，天伦之乐；健康四大基石：合理膳食，适量运动，戒烟禁酒，心理平衡；保健四个最好：最好的医生是自己，最好的药物是时间，最好的心态是宁静，最好的运动是步行。

若要身体安，三分饥和寒。早饭好而少，午饭厚而饱，晚饭淡而少。一顿吃伤，十顿喝汤。宁可锅中存放，不让肚肠饱胀。

生命在于运动，生命也在于休息。保持乐观情绪，遵循生活规律。白天按时运动，身体就会康宁。晚上按时休息，精神就会安逸。

图书在版编目（CIP）数据

美丽蓟州 生态家园 / 童心著. —杭州：浙江人民
出版社, 2014.10
ISBN 978-7-213-06339-8

Ⅰ.①美… Ⅱ.①童… Ⅲ.①蓟县—概况
Ⅳ.①K922.14

中国版本图书馆 CIP 数据核字（2014）第 230249 号

美丽蓟州 生态家园

作　者：童　心 著	
出版发行：浙江人民出版社（杭州市体育场路 347 号　邮编　310006）	
市场部电话：(0571)85061682　85176516	
集团网址：浙江出版联合集团　http://www.zjcb.com	
责任编辑：李　雯	
责任校对：杨　帆	
封面设计：王　芸	
电脑制版：杭州兴邦电子印务有限公司	
印　　刷：浙江新华印刷技术有限公司	

开　　本：787mm×1092mm　　1/32		印　张：4	
字　　数：5 万		插　页：4	
版　　次：2014 年 10 月第 1 版		印　次：2014 年 10 月第 1 次印刷	

书　　号：ISBN 978-7-213-06339-8
定　　价：36.00 元